DEBUT D'UNE SERIE DE DOCUMENTS
EN COULEUR

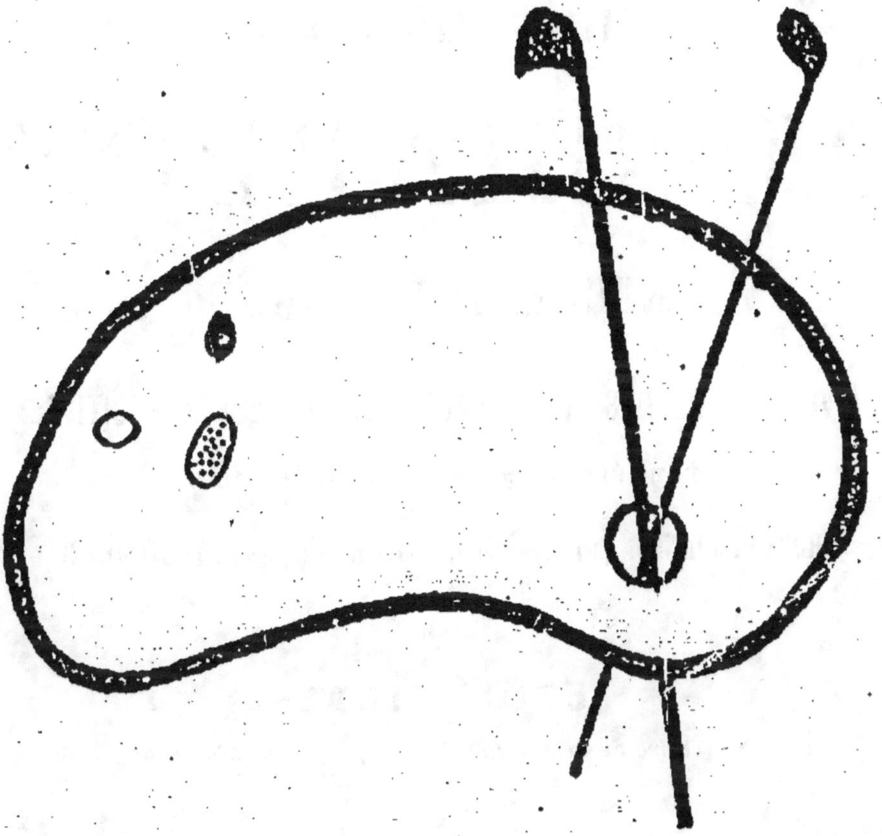

PHOTOGRAPHIE
AU·CHARBON

RECUEIL PRATIQUE

DE

DIVERS PROCEDES DE TIRAGE DES ÉPREUVES POSITIVES

FORMÉES DE SUBSTANCES INDÉLÉBILES

PROCÉDÉ JOHNSON (Report sur verre, report direct sur papier). PHOTOMÈTRE

PAR

LEON VIDAL

Secrétaire de la Société photographique de Marseille

DEUXIÈME PARTIE

PARIS
IMPRIMERIE TYPOGRAPHIQUE DE A. POUGIN
13, QUAI VOLTAIRE, 13

1876

PARIS. — TYP. A. POUGIN, 13, QUAI VOLTAIRE. — 3263

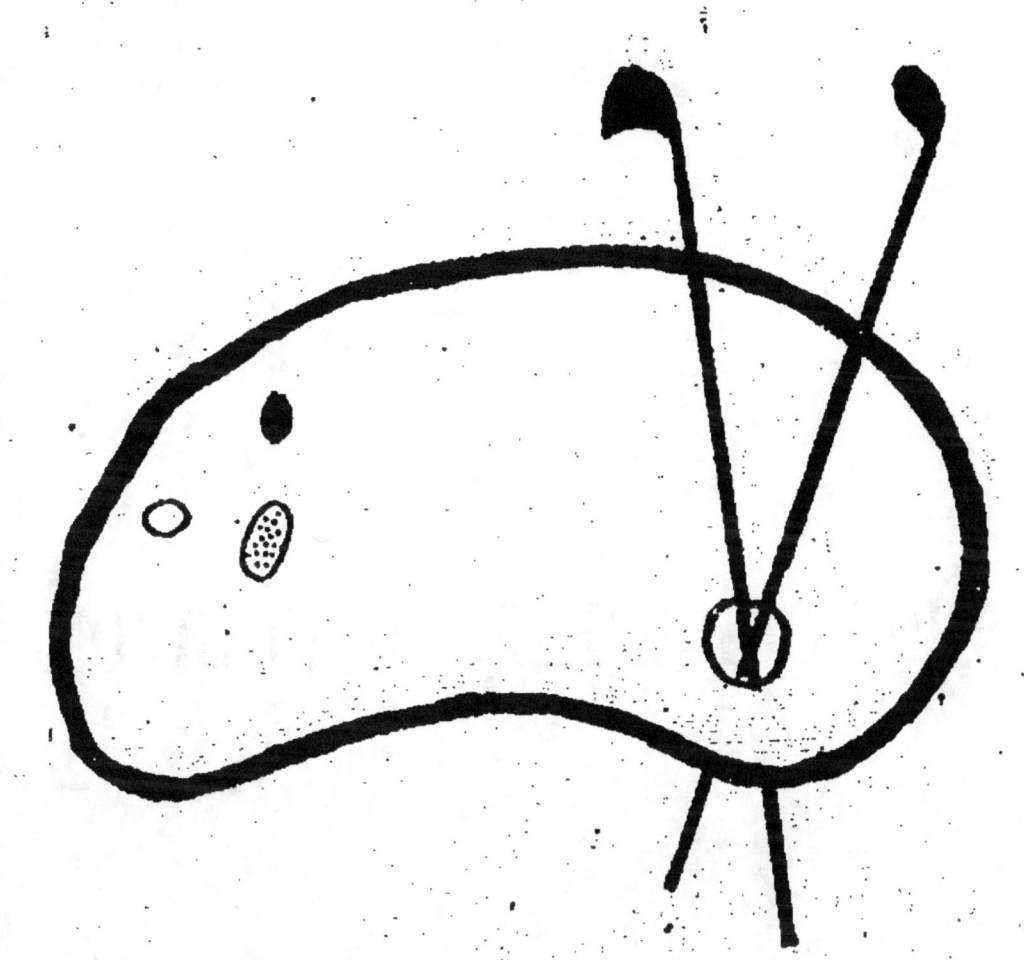

FIN D'UNE SERIE DE DOCUMENTS
EN COULEUR

PHOTOGRAPHIE AU CHARBON

PARIS. — TYPOGRAPHIE A. POUGIN, 13, QUAI VOLTAIRE. — 3263.

PHOTOGRAPHIE

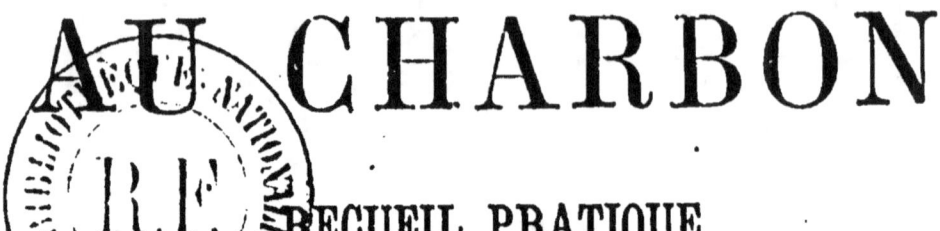

AU CHARBON

RECUEIL PRATIQUE

DE

DIVERS PROCÉDÉS DE TIRAGE DES ÉPREUVES POSITIVES

FORMÉES DE SUBSTANCES INDÉLÉBILES

PROCÉDÉ JOHNSON (Report sur verre, report direct sur papier) PHOTOMÈTRE

PAR

LEON VIDAL

Secrétaire de la Société photographique de Marseille

DEUXIÈME PARTIE

IMPRIMERIE TYPOGRAPHIQUE DE A. POUGIN

13, QUAI VOLTAIRE, 13.

—

1876

PHOTOGRAPHIE AU CHARBON

INTRODUCTION

Il s'est écoulé peu de temps depuis la publication de notre recueil pratique des divers procédés de tirage des épreuves positives au charbon, et cette œuvre demande déjà un complément sérieux. Le progrès, dans cette voie, n'a cessé de s'accroître ainsi que nous l'espérions ; aussi avions-nous eu bien soin de reconnaître nous-même que notre publication vulgarisatrice n'était qu'une *base de l'avenir attendu* et que *l'état actuel serait demain un passé.*

Nos pressentiments ne nous trompaient pas, nous nous hâtons de le dire avec une vraie satisfaction.

Hier encore, nous avions l'espérance du succès, mais maintenant nous en avons la conviction ; le peut-être, le probablement ont cédé la place à une entière certitude ; nous n'attendons plus, nous tenons.

La conservation des demi-teintés dans le tirage des portraits est actuellement un problème résolu, et il nous est permis, en nous adressant à nos confrères de l'art photographique, de leur parler, non plus avec cette réserve qui nous était imposée par certains doutes, il y a quelques mois encore, mais de les inviter de la meilleure foi et avec une conviction absolue, à étudier au plus tôt le nouveau mode d'obtention des images photographiques formées de substances inaltérables.

La transition des procédés actuels au procédé au charbon ne peut amener, dans la pratique habituelle, aucune modification de nature à la transformer notablement; mais, au point de vue des résultats, elle produira une révolution complète. Aux images à durée variable, mais toujours instables, succéderont des épreuves indélébiles. C'est tout dire en un mot.

Déjà nous avons eu l'occasion de développer notre pensée à cet égard et de faire valoir tout ce que gagnerait en considération, en valeur industrielle, en utilité, un art capable de produire avec autant de fidélité et de précision des images d'une durée assurée, des dessins dignes désormais des plus sérieuses collections. Inutile donc d'insister sur un point de vue que chacun apprécie mieux que nous.

Notre mission est plus pratique, elle consiste dans de continuels efforts en vue de la vulgarisation des méthodes nouvelles, et nous ne saurions la remplir mieux qu'en publiant celles dont les résultats nous ont paru jusqu'ici les plus remarquables en même temps qu'ils sont obtenus à l'aide de manipulations plus simples et d'une application vraiment industrielle.

Il existe une de ces méthodes de tirage due à M. R. Johnson et dont la spécification nous a particulièrement frappé. Nous l'avons expérimentée avec un grand soin et le succès de nos tentatives a couronné notre attente. Bien que notre œuvre personnelle soit très-modeste dans l'application de ce procédé et que nous n'ayons apporté à l'ensemble des manipulations publiées par M. Johnson que quelques additions de perfectionnement qui laissent à l'œuvre de l'inventeur toute son intégrité, nous devons pourtant, ne serait-ce que pour respecter la vérité des faits, annoncer que nous avons puisé dans la généralité des indications fournies par M. Johnson, pour créer de toutes pièces une méthode opératoire simple et commode, et telle que notre description suffise pour éviter aux débutants toute espèce de tâtonnement.

Nous avons été considérablement aidé dans cette recherche par notre excellent ami et si habile collaborateur M. Charles Teisseire, dont les expériences analogues ont servi de contrôle et de confirmation à nos propres observations; ce précieux concours ne pouvait que donner à nos assertions un caractère d'autorité qui leur eût fait défaut dans une œuvre absolument personnelle; c'est pour tous une garantie de plus, puisqu'il y a double témoignage.

Notre pensée n'est pas de proclamer ici la supériorité de telle méthode sur telle autre. Les reports Swan et Jeanrenaud ont, par exemple, chacun leur valeur propre et ils constituent, au profit des opérations, des moyens divers d'arriverau but suivant les circonstances; la variété, en pareil cas, est une vraie richesse, surtout quand les différences entre les méthodes opératoires sont aussi notables.

A chacun donc le soin de choisir en raison des résultats à atteindre et de combiner, au besoin, les manières diverses pour en tirer des épreuves variées suivant la nature et la couleur des objets à reproduire.

Pourtant nous recommandons très-spécialement les procédés qui vont être décrits, parce qu'ils nous paraissent susceptibles de conduire immédiatement au succès ceux qui les pratiqueront tels que nous les indiquons dans leurs moindres détails.

Nous pouvons bien dire : en agissant de la sorte, nous obtenons un succès complet, faites de même et vous réussirez.

I

Procédé Jonhson. — Report sur verre dépoli

Papier mixtionné. — La fabrication du papier mixtionné s'opère industriellement. Le commerce est en mesure de livrer ces papiers tout prêts et dans des conditions d'exécution que ne réaliserait pas un opérateur voulant les faire lui-même. Nous ne pouvons donc que renvoyer aux sources industrielles sans entrer dans des détails inutiles sur cette fabrication.

Seulement, il nous paraît important de dire qu'il faut, en moyenne, trois sortes de papier mixtionné contenant chacune, pour une même quantité de mixtion, une quantité différente de matière colorante. Ces différences sont indiquées par trois chiffres, 1, 2, 3. Le numéro 1 indiquant la mixtion la moins colorée et le numéro 3, celle qui l'est le plus.

D'une manière générale, il y a lieu de tirer les clichés durs avec le numéro 1, les clichés d'une bonne valeur moyenne avec le numéro 2 et les clichés très-doux avec le numéro 3.

Expliquons, pour plus de clarté, que nous entendons par *cliché dur*, non pas un cliché long à produire l'image, mais un cliché où se trouvent de fortes oppositions, où la transition du blanc au noir est brusque.

Les clichés durs sont toujours un résultat imparfait; autant que possible, il faut, pour les tirages au charbon, s'attacher à produire des clichés doux. N'oublions pas de faire remarquer qu'il convient de n'employer, dans les mixtions, que de la gélatine connue dans le commerce sous le nom de *grénetine*, en dépit de la cherté et de la rareté; de ce produit il possède une solubilité bien grande et très-régulière dans de l'eau tiède; les expérimentateurs éviteront ainsi des tâtonnements qui se reproduiraient avec chaque qualité nouvelle de gélatine et ils y gagneront une marche bien plus rapide des opérations, à cause de la solubilité parfaite de cette substance.

On a donc acheté des mixtions 1, 2 et 3, car elles sont dans le commerce et on les conserve à plat dans un carton ou mieux dans un tiroir placé dans un endroit plutôt un peu humide que trop sec.

Sensibilisation. — Le papier mixtionné à sensibiliser est d'abord coupé aux ciseaux de la dimension voulue et sur chaque fragment l'on inscrit le numéro de la mixtion.

Cela fait, on immerge totalement chaque feuille, la mixtion en dessous, dans un bain de bichromate de potasse composé suivant la température et le numéro de la mixtion :

En été, pour des papiers à la grénetine, le bain doit être, pour 100 grammes d'eau :

A 4 0/0 de bichromate de potasse pour le numéro 1
  3 0/0   —   —   —   2
  2 0/0   —   —   —   3

En hiver, l'action d'insolubilité produite par le bichromate de potasse sur la gélatine étant moins énergique, les proportions doivent être forcées pour amener la sensibilité à un égal degré ; elles sont les suivantes :

A 6 0/0 de bichromate de potasse pour le numéro 1
  5 0/0   —   —   —   2
  4 0/0   —   —   —   3

Ces dosages répondent à une moyenne qui peut varier à l'infini en raison des sujets à reproduire.

D'une manière générale, on doit compter que l'emploi d'un bain riche en bichromate de potasse permet d'obtenir des épreuves d'une grande douceur; au contraire, un bain à 1, 2, 2 1/2 0/0 de bichromate donne des épreuves où les contrastes sont plus forts ; de telle sorte que, étant donné un cliché déterminé, il est aisé d'en tirer des images positives ayant les caractères les plus divers selon que l'on aura employé pour leur obtention des papiers mixtionnés sensibilisés à divers titres.

Il est donc convenable d'avoir toujours à sa disposition 6 bains de bichromate de potasse, l'un à 1 0/0, l'au-

tre à 2 0/0, etc., jusqu'à 6 0/0, de manière à en user
suivant les cas.

Plus la mixtion est chargée en matière colorante, et
moins riche doit être le titre du bain sensibilisateur.

La grénetine permet d'employer sans danger des bains
de bichromate de potasse plus riches à cause de sa solubilité plus grande. On y gagne plus de douceur dans le
résultat, la lumière agissant sur une substance plus
susceptible d'être insolubilisée dans l'unité de masse
infinitésimale.

Avoir soin de filtrer.

On l'y laisse trois minutes environ, la mixtion en
dessous. Quand l'eau est très-froide, la mixtion met plus
de temps à s'imprégner du liquide sensibilisateur et à
se distendre, il faut alors laisser se prolonger l'immersion jusqu'à 5 ou 6 minutes. On a soin, dès que le
papier immergé cesse de se recroqueviller, de le sortir
délicatement du bain pour vérifier s'il ne s'est pas atta-
ché de bulles d'air contre la mixtion ; on chasse celles
qui y adhéreraient et on remet la feuille dans le liquide
à l'aide d'un mouvement lent et continu, la mixtion en
dessous.

Avant la première immersion, il est bon de passer un
blaireau sur la mixtion pour chasser les poussières.

A l'expiration des trois minutes, on saisit la feuille
avec les deux mains par les deux angles opposés d'un
même côté et on la met à sécher en pinçant ses deux
angles entre deux pinces américaines passées dans une

ficelle. La feuille ainsi tendue se sèche spontanément sans trop s'enrouler.

Il va sans dire que ces opérations doivent s'effectuer dans le cabinet noir et que la dessiccation surtout doit avoir lieu dans un appartement absolument privé de lumière.

Les feuilles sensibilisées le soir sont généralement sèches le matin, en été, dans un cabinet où l'humidité n'abonde pas. En hiver, il devient souvent indispensable, pour activer la dessiccation trop lente, de suspendre les feuilles sensibilisées dans un appartement chauffé ou bien autour d'une boîte cylindrique en zinc assez grande et remplie d'eau bouillante.

Dans tous les cas, il faut, avant de commencer l'impression, vérifier si les papiers mixtionnés sont absolument secs. La moindre partie encore un peu humide s'attacherait au cliché et amènerait son altération. Quand les papiers sont secs, on les met à la presse dans un châssis à impression pour obtenir leur planimétrie.

Impression des images. — L'impression s'exécute, comme dans tous les autres procédés, en appliquant la mixtion contre le cliché et mettant le tout dans le châssis-presse, sous un bon coussin de papier buvard. Mais, recommandation essentielle, il faut ne pas négliger d'entourer l'image à reproduire, sur le cliché, d'un cadre opaque, obtenu, soit avec une couleur antiphotogénique, soit avec du papier noir. On évite ainsi que les bords du cliché ou de l'image négative agissent, par leurs parties transparentes, sur la mixtion sensible, et l'on conserve un encadrement de gélatine entièrement soluble, ce qui facilite beaucoup l'opération du détachement lors du report sur glace ou sur papier.

Pour ce qui concerne la durée de l'impression, nous renvoyons au chapitre relatif à notre photomètre spécial au tirage des positives au charbon.

Le papier mixtionné ne doit être employé pour l'impression que deux ou trois jours au plus après sa sensibilisation; si l'on attend le quatrième jour, on éprouve à le détacher de la glace une peine très-grande, et souvent on n'y parvient qu'en produisant des déchirements et des soulèvements. Sa conservation est plus grande en hiver; à l'abri de l'humidité, elle peut aller jusqu'à douze jours (1).

En moyenne, c'est donc le troisième jour qu'il faut, au plus tard, impressionner les feuilles de mixtion sensibilisées, et le développement doit suivre de près l'impression. Voici comment on y procède :

Développement des images. — Le développement comprend trois opérations distinctes et successives.

(1) Quand on a des mixtions sensibilisées depuis assez longtemps pour qu'il y ait lieu de douter de leur valeur, il est aisé de s'assurer de leur aptitude à fournir une image en les essayant à l'eau chaude. La mixtion est bonne à servir encore quand elle se dissout facilement dans l'eau à 40° centigrades.

1° *Report sur glace dépolie*. — On doit avoir une série de glaces dépolies un peu fortes, pour qu'elles puissent présenter une certaine solidité durant les manipulations ; on peut en avoir de grains divers, plus ou moins doucis, suivant la nature des reproductions à obtenir. Quant à leur dimension, chacun la fixera en raison du travail à produire.

On peut, sur une même glace, reporter plusieurs épreuves, mais nous croyons, pour la plus constante sécurité des opérations, devoir recommander de ne jamais poser qu'une seule épreuve par glace, et d'avoir plusieurs séries de glaces des diverses dimensions normales usitées : trois séries par exemple : demi-plaque $= 18 \times 24$, 27×33 et 30×40.

Prenons une quelconque de ces glaces, neuve encore, bien propre ; toute poussière est d'abord enlevée avec le blaireau ; puis, avec un tampon de coton imbibé d'alcool contenant à saturation de la stéarine en dissolution, on frotte sur tous les points de la glace d'une manière régulière et en étendant bien le liquide de manière à ne pas avoir des épaisseurs diverses.

La glace une fois sèche, et ce, la première fois qu'elle sert seulement, est couverte de la même manière d'une deuxième couche de stéarine ; autrement, des parties de la surface dépolie pourraient en manquer, ce qui nuirait à l'enlèvement de l'épreuve.

Dès que la couche de solution de stéarine est parfaitement sèche, on la polit avec un tampon de coton en frottant fortement sur toute sa surface. De mate qu'elle était, elle devient brillante et elle est propre à recevoir la mixtion impressionnée. Avec un peu d'habitude, on arrive à étendre assez bien la stéarine pour qu'aucune trace de cette matière ne laisse son empreinte sur l'image enlevée.

Tout autre corps gras produirait le même effet que la stéarine, mais cette substance est plus aisément mouillée par l'eau ou par les mucilages aqueux, tout en isolant parfaitement la glace de report et en facilitant ainsi le détachement de l'image après le complet développement à l'eau chaude. Quand les glaces ont déjà servi, il faut les nettoyer à l'aide d'un tampon de coton imprégné d'un peu d'acide chlorydrique, puis laver à l'eau et sécher avec un chiffon propre avant de stéariner à nouveau.

Pour appliquer une feuille impressionnée sur une glace dépolie stéarinée, on commence par introduire cette glace, le côté dépoli en dessus, dans une cuvette horizontale assez profonde, de 5 à 6 centimètres environ, et pleine d'eau ordinaire bien propre, filtrée si possible. La glace est abandonnée sur le fond de la cuvette; on introduit alors dans l'eau la feuille impressionnée, la mixtion en dessous, et de manière à éviter toute bulle d'air à la surface de la mixtion. Il est bon, avant l'immersion, de blaireauter soit la glace, soit la feuille.

Dès immersion, la feuille mixtionnée se recroqueville en dedans et tend à s'enrouler; on la maintient avec les doigts sur la glace même et à peu près à la place qu'elle doit y occuper. Au bout de quelques instants, le papier s'étend, les coins tendent à se retourner dans le sens contraire, on obtient une planimétrie à peu près parfaite. C'est à ce moment précis qu'il faut sortir simultanément la glace et la feuille en maintenant cette dernière à la place qu'on veut lui faire occuper sur la glace. Il faut, avant, s'assurer, en retournant la feuille mixtionnée, qu'aucune bulle d'air n'existe à la surface de la mixtion.

Quand l'eau est assez froide, au-dessous de 12° environ, le papier mixtionné exigeant un temps plus long pour se distendre, il est bon, pour la marche plus rapide du travail, de tiédir l'eau en la maintenant entre 15 et 18° par l'addition de quelque peu d'eau chaude.

Une fois la glace et la feuille y adhérente hors de l'eau, on voit, à travers la glace, si des bulles d'air sont renfermées entre la surface dépolie et la mixtion; en pareil cas, il faut réimmerger le tout, détacher la feuille et la réappliquer à sa place en retirant doucement de l'eau l'ensemble, de manière que toute bulle d'air ait disparu, et éviter de prolonger trop l'immersion dans l'eau, parce que l'effet d'adhérence ne se produit plus quand on applique sur le verre dépoli une mixtion saturée d'humidité; le vide amené par l'effet de succion ne peut plus se produire.

Cela fait, on pose la glace à plat sur du buvard, la feuille mixtionnée en dessus et avec du papier buvard; on éponge soigneusement le dos de la feuille en ayant soin, à l'aide d'une pression régulier   mais pas trop

2

forte, de chasser tout le liquide en excès qui se trouve enfermé entre la glace et la mixtion. Une lame de caoutchouc emprisonnée entre deux réglettes de bois et débordant légèrement permet d'obtenir une pression douce et égale; on peut, après avoir épongé une première fois avec du buvard, passer directement sur le dos du véhicule ce petit instrument dont la souplesse est assez grande pour que le papier ne soit pas déchiré, tandis que le liquide en excès est entièrement chassé.

Pour de petites épreuves, la pression de la main suffit; mais l'opération peut manquer d'une régularité complète; il n'est pas nécessaire de presser très-fortement.

Dès que cela est fait, la gélatine, en se gonflant, absorbe le liquide qui peut être resté encore entre la surface de la mixtion et celle de la glace, et il se produit, par l'effet de la pression atmosphérique, une adhérence complète entre le papier mixtionné et le verre.

On peut successivement traiter 15 à 20 glaces de la même manière avant de passer au développement dans l'eau chaude. Tout cela doit se faire dans un demi-jour, et aussi rapidement que possible.

Après avoir abandonné à elle-même pendant dix minutes une glace recouverte de la feuille impressionnée, on pourrait la soumettre au développement, mais il vaut mieux différer cette opération pendant une heure entière. Il est pratique de mener les opérations diverses par séries de 15 à 20 épreuves.

2° *Traitement par l'eau chaude.* — Dans une cuvette

en zinc verticale, à rainures en nombre voulu, munie d'un couvercle et disposée de telle sorte que la hauteur totale dépasse d'un tiers environ celle des glaces dont la base se trouve arrêtée aux deux tiers de la hauteur en partant du sommet, on verse de l'eau chaude à 40° centigrades. On s'assure du degré à l'aide du thermomètre, et s'il est à 40° au plus, mais pas inférieur, on introduit successivement toute la série des 15 à 20 glaces en débutant par celle qui a été recouverte la première de la feuille impressionnée. — Quand elles y sont toutes, on laisse s'écouler dix minutes environ avant de détacher les papiers. Alors, prenant la première glace immergée, on la sort pour l'introduire immédiatement dans une cuvette horizontale placée tout à côté et contenant de l'eau chaude à la température maxima de 40°; on soulève un des coins avec une pointe quelconque et on détache d'un mouvement continu, sans secousse et par une traction aussi horizontale que possible, la feuille de papier, laquelle laisse sur la glace l'image et un excès de mixtion soluble dont un séjour de quelques instants dans la cuvette verticale la débarrassera bientôt, et on la replonge aussitôt à sa place.

Chaque glace est ainsi traitée à la suite et remise en place. On ferme la cuvette avec son couvercle, et l'eau chaude se maintient en été assez longtemps au degré de chaleur voulue pour enlever toute la gélatine restée soluble; mais en hiver il est bon de maintenir la température nécessaire entre 38° et 40°, soit par un bain-

marie, soit par une petite lampe à alcool placée sous la
cuvette verticale, soit enfin par des additions directes
d'eau à un degré convenable, après avoir enlevé une
partie du liquide refroidi ; avec de la grénetine, on peut
laisser le développement se poursuivre dans une eau à
25 ou 30° seulement, on y gagne en douceur en conser-
vant les demi-teintes les plus faibles.

Les glaces étant placées dans des rainures verticales,
la gélatine soluble, en se fondant, laisse tomber au fond
de la cuvette, dans le tiers du volume inoccupé, la matière colorante en excès ; on peut, de temps à autre,
faire glisser les glaces de bas en haut dans leurs rainures pour faciliter le départ de la matière colorante libre,
et l'on est certain que le développement est épuisé
quand les écoulements de la glace ne contiennent plus
la moindre trace de couleur. On s'en rend compte aisément en faisant égoutter la glace dans une cuvette en
porcelaine contenant de l'eau très-propre.

Gélatinage et alunage. — Quand le développement est
terminé, on verse à la surface de l'épreuve un filet d'eau
froide pour la mieux laver encore, puis on la recouvre,
par deux fois, d'une dissolution de gélatine bien filtrée
à travers un linge et ainsi composée :

Eau.	100	grammes.
Gélatine blanche. . .	10	—
Sucre raffiné.	3	—

Cette solution doit être passée assez chaude. On laisse
écouler l'excès du liquide ; puis, avant que la gélatine

ait fait prise, on laisse la glace posée horizontalement à l'abri de la poussière.

Cette dernière opération a pour objet de remplir les trop grands vides existant dans les parties où se trouvent les demi-teintes et les blancs de l'image et de donner à ces demi-teintes un corps suffisant pour qu'au moment de la séparation d'avec la glace, elles puissent céder, sans déchirures et éclats, à la traction, voire même au seul retrait du papier de report. Elle sert aussi à maintenir sur la glace l'épreuve qui, sans cette précaution, s'en détacherait toute seule par éclats sous l'influence d'une dessiccation trop rapide. Ces déchirements spontanés seraient aussi la conséquence d'un gélatinage fait à une température trop élevée. C'est pourquoi nous recommandons de ne recouvrir la surface que d'une gélatine assez chaude pour être convenablement fluide, mais pas davantage ; autrement, la chaleur trop forte ramollit la stéarine et provoque une plus grande distension de la couche formée par l'image ; de là résulte la séparation spontanée par le fait de la constriction de la gélatine quand elle se sèche. Si l'on a soin de plonger préalablement la glace à gélatiner dans un bain d'eau chaude on peut employer la gélatine aussi chaude que l'on veut sans que cela amène aucun inconvénient.

Dès que la gélatine de renfort ne coule plus, on doit procéder à l'alunage de l'épreuve. On n'a, pour cela qu'à faire immerger chaque glace successivement dans un bain d'alun à 3 pour 100 et à l'y laisser deux minutes environ.

L'alun, en insolubilisant la gélatine de renfort et en rendant imperméable à l'eau la gélatine préalablement insubilisée par la lumière et contenant la matière colorante de l'image, arrête, dans ces couches de gélatine, tout mouvement ultérieur des molécules colorées, et s'oppose ainsi à la formation inévitable d'un grain qui, sans cette précaution, revêt la forme de celui du papier de report.

Au sortir du bain d'alun, on lave à deux eaux, puis on laisse sécher en posant les glaces contre un mur, le côté de l'épreuve en dehors si l'air est humide ou froid, et en dedans s'il est très-sec.

Report des glaces sur papier. — Dès que les images portées par les glaces sont parfaitement sèches, on peut, soit tout de suite, soit quand on le veut, procéder au report sur papier gélatiné.

Ce papier peut avoir une faible consistance comme du papier pelure ou bien être de force moyenne, voire même être très-épais et de telle couleur que l'on voudra, suivant les effets à obtenir. Des papiers demi-teintés en gris, jaune, bleu, permettent de réaliser des effets très-artistiques. Ceci est laissé à l'appréciation des opérateurs.

On trouve dans le commerce du papier gélatiné *ad hoc.* Si on voulait en fabriquer soi-même, cela n'est pas difficile : le papier adopté est d'abord plongé dans une cuvette d'eau chaude bien propre, puis étendu, la trame en dessous et tout mouillé, sur la surface d'une glace bien propre aussi. On verse alors à sa surface, comme si l'on collodionnait, une solution de gélatine pure, soigneusement filtrée au travers d'un linge fin et composée de :

Eau...........	100 grammes.
Gélatine..	10 —

L'excédant, une fois recueilli dans un récipient à part, on enlève la feuille que l'on abandonne à la dessiccation naturelle, suspendue par un de ses coins à l'aide d'une simple épingle ou d'une pince américaine.

Au moment du report, on fait flotter la feuille, coupée de dimension, et la gélatine en dessous, sur un bain abondant d'eau propre filtrée et contenue dans une cuvette horizontale. Si on immergeait totalement la feuille de report, on perdrait un peu de finesse par suite d'une plus grande extension de ce papier chargé de plus d'humidité. Pour les grandes épreuves, cela n'est pas un inconvénient. Dès que la surface de cette feuille est bien plane, on introduit l'une des glaces dans l'eau et par dessous, l'image se trouvant en dessous, et, sans plus tarder; on la sort en maintenant avec les doigts le papier de report à la place qu'il doit occuper; le liquide interposé est un obstacle à la présence des bulles d'air; mais, s'il y en avait, ce qui se voit à travers la glace, il faudrait recommencer l'application dans l'eau.

Le tout est aussitôt posé à plat sur du buvard; puis, avec du papier buvard propre, on appuie sur le dos de l'épreuve dans tous les sens, soit avec la main, soit avec la râclette de caoutchouc indiquée plus haut pour chasser par les bords le liquide en excès.

Il ne reste plus qu'à laisser sécher, après quoi l'image se détache de la glace avec la plus grande facilité, quelquefois d'elle-même; mais le plus souvent il faut, par une légère traction opérée sur un des coins soulevé à l'aide d'une pointe, enlever l'image désormais adhérente au papier et dont il ne reste pas la moindre trace sur la glace.

Fixage définitif de l'image reportée sur papier. — La première action de l'alun n'a pu porter que sur l'image elle-même; mais, une fois sur papier, il existe une nouvelle couche de gélatine qui la supporte, laquelle est entièrement soluble dans l'eau tiède, et est susceptible de se ramollir sous l'influence de la moindre humidité. L'image ainsi retenue ne présenterait aucune solidité; il reste donc encore à insolubiliser la dernière couche de gélatine. Cette opération peut se faire sur une masse d'épreuves et au moment où cela est opportun. On procède ainsi :

Les images sont d'abord, l'une après l'autre, immergées dans de l'eau propre ordinaire, et mises ensemble dans un bain d'alun bien filtré à 3 pour 100 où on les laisse environ 10 minutes; puis on les sort successivement pour les immerger ensemble dans une cuvette d'eau propre. L'eau doit être renouvelée deux ou trois fois, après quoi on sort les épreuves soit pour les abandonner, suspendues par un coin à la dessiccation spontanée. Après l'action de l'alun et une première dessiccation spontanée, on n'a plus à redouter de voir l'image adhérer au papier buvard; si on la mouille de nouveau, la gélatine, ainsi tannée, ne poisse plus.

Montage des épreuves. — Après cette dernière opération, les épreuves sont propres à être montées; on peut, sans danger, les enduire à l'envers de colle de pâte ou de toute autre espèce de colle et les traiter comme des épreuves obtenues d'après les procédés courants.

Pour les épreuves de choix, on peut les obtenir directement sur leur papier de support définitif, en réservant, au préalable, la marge convenable soit sur la glace dépolie, soit sur le papier gélatiné.

La retouche est bien facile ; elle peut s'opérer avec la matière colorante même qui entre dans la mixtion, et il n'y a plus à redouter qu'avec le temps, il se produise sur les images une modification de nature à faire apparaître ces retouches. En frottant la surface de l'image tannée avec un tampon imprégné d'ammoniaque, on la rend susceptible de se laisser mouiller facilement par les couleurs à l'eau employées à la retouche.

Au point de vue des agrandissements, c'est là une des heureuses conditions du succès le plus complet ; mais, pour ce qui concerne les agrandissements, nous allons, en décrivant le mode de report direct sur le papier destiné à servir de véhicule définitif, indiquer le moyen de les obtenir très-facilement et sans recourir à l'emploi de glaces dépolies dont la dimension, en pareil cas, rendrait leur maniement très-difficile.

La faculté que l'on a de redresser l'image par l'opération même de l'agrandissement rend inutile l'usage d'un double report.

II

Transport direct sur papier sans recourir à un véhicule transitoire

———

La méthode opératoire que nous venons de décrire permet le redressement de l'image, mais elle entraîne l'obligation de deux reports, l'un sur un verre dépoli; puis celui du verre dépoli sur le papier son véhicule dé-finitif.

M. A. Marion avait déjà indiqué un mode de report direct sur papier ; nous l'avons décrit dans notre premier traité ; mais cette méthode vient d'être considérablement améliorée par son auteur, qui lui a appliqué le système de report de M. Johnson.

M. Marion conseille le report sur papier recouvert d'une couche d'albumine coagulée à la vapeur, et il émet la pensée que le procédé de transport sur l'albumine coagulée est le plus simple, le plus facile et le plus ex-péditif.

Il dit avec raison que l'emploi de la grénetine dans la

composition de la mixtion permet de compter sur une solubilité très-prompte dans une eau légèrement chaude. L'emploi de l'eau bouillante préalablement reconnue nécessaire pour la coagulation immédiate de l'albumine étant désormais inutile puisque l'on a des papiers recouverts d'une couche d'albumine coagulée à l'avance.

Comme dans le procédé de report sur verre, il est indispensable d'entourer d'un cadre noir les bords extérieurs de l'image à reproduire de bandes de papier noir; sans cela, on s'exposerait à des soulèvements susceptibles d'altérer une partie de l'épreuve.

Nous n'hésitons pas à dire que nous préférons l'emploi d'un papier recouvert d'une couche de gélatine insolubilisée par de l'alun à du papier à albumine coagulée.

Chacun d'ailleurs en usera suivant les exigences et ses goûts particuliers; nous ne changeons en cela rien à la méthode bien simple qui recommande ce procédé; seulement nous accordons au papier gélatiné une sérieuse préférence, motivée sur ce que :

La gélatine alunée ne présentant pas l'aspect brillant de l'albumine coagulée, fournit des images d'un mat plus artistique.

La gélatine n'est pas susceptible de jaunir avec le temps, comme l'albumine, ce qui donne un aspect peu agréable obtenu par ce véhicule trop altérable.

La gélatine permet une retouche facile, alors qu'elle est très-difficile sur la couche brillante et visqueuse de l'albumine.

Le gélatinage et l'alunage des papiers doit s'effectuer comme il suit :

D'abord on immerge les feuilles à gélatiner dans de l'eau chaude à 80° centigrades environ. Puis on les sort de là pour les introduire dans un bain à 3 0/0 de gélatine blanche, maintenue au bain-marie à une température élevée.

Après cinq minutes d'immersion dans ce bain, on sort les feuilles une à une en débutant par la première immergée, et on les laisse sécher spontanément, après les avoir piquées par un coin, à l'aide d'une épingle, contre une bande de bois ou de liége. On peut faire ainsi de grandes provisions à l'avance. Mais on ne doit procéder à l'alunage qu'au moment d'user du papier et sans dessiccation préalable.

La gélatine alunée a la faculté de sécher davantage quand elle n'a pas subi une première dessiccation. C'est pourquoi l'on doit, au moment du report, immerger les papiers à utiliser dans de l'alun à 3 0/0 durant cinq minutes, puis laver à deux eaux et laisser dans la dernière eau de lavage jusqu'au moment du transport.

En suivant exactement ces indications, on évitera les bulles qui, autrement, se formeraient à la surface de l'image durant le développement à l'eau chaude.

Après le complet développement, on fixe à l'alun à 3 0/0, et on laisse sécher après deux lavages.

Après cette dessiccation, on peut, au moment du montage, immerger entièrement les épreuves pour obtenir leur entière planimétrie. Le papier buvard avec lequel on éponge les surfaces mouillées n'y adhère plus.

Nous nous sommes préoccupé du brillant qu'affectent les noirs de l'image quand le report s'est effectué sur un papier à surface lisse, qu'il soit recouvert d'une couche d'albumine coagulée ou de gélatine alunée. Ce brillant est peu artistique; il faut pouvoir l'éviter ou le détruire. On y arrive aisément. Pour cela faire, une fois l'image fixée, lavée et séchée, on la remet dans une cuvette contenant de l'eau pure et on l'y laisse jusqu'à complète distension. L'image est alors sortie, sa surface appliquée sous l'eau contre une glace dépolie finement et recouverte de stéarine, comme dans le procédé Johnson. On presse entre du buvard, et puis on abandonne à dessiccation spontanée. On sépare après l'image du verre, et elle présente une surface d'un mat fort agréable et analogue au degré de dépolissage du verre employé.

Pour toutes les questions relatives à la sensibilisation, exposition, application sur le papier de transport, développement (1), voir la description du procédé Johnson. Il faut seulement remarquer que la durée de l'exposition

(1) Pour le développement, on peut user de la cuvette verticale. Il faut, dans ce cas, retenir le papier porteur de l'image sur des glaces ou sur des lames de zinc à l'aide de bandes en caoutchouc ou de toute autre manière, à la convenance de l'opérateur.

Quand on n'a que quelques épreuves à développer, on peut les faire dans une ou plusieurs cuvettes horizontales, en ayant soin, après avoir enlevé la feuille mixtionnée, de retourner en dessous l'image

à la lumière ne doit pas être la même pour les deux méthodes. Dans le cas du report sur verre, il y a lieu d'exagérer un peu la pose, les demi-teintes étant moins aisément retenues par la surface stéarinée que par le papier albuminé ou gélatiné.

Nous avons noté qu'il fallait en général, pour le report direct sur papier, un tiers en moins du temps nécessaire au report sur verre.

Cette dernière méthode opératoire fournit sûrement des résultats admirables et il est fâcheux que les épreuves se trouvent renversées quand on opère avec des clichés sur verre. Il existe une foule de cas où cet inconvénient devient une circonstance rédhibitoire ; aussi, pour les clichés déjà faits, avons-nous cherché un moyen de réduire les clichés à l'état pelliculaire, pour qu'il soit possible d'en tirer à volonté la contre-épreuve, soit d'un côté, soit de l'autre. Nous allons indiquer plus loin un moyen simple d'obtenir un cliché pelliculaire.

Pour les clichés à créer, le meilleur moyen de renversement consiste dans le renversement du négatif, au moment même de l'impression dans la chambre noire.

Il faut pour cela poser la glace sensible de manière

---

dont le développement s'effectue ainsi plus rapidement. Il convient, une fois la feuille retournée, de la laisser tranquille pendant un quart d'heure, et il ne faut l'enlever pour la fixer à l'alun qu'alors qu'elle ne laisse plus couler de l'eau contenant des traces de matière colorante. En développant dans des cuvettes horizontales, il est prudent de ne mettre dans chaque cuvette qu'une seule épreuve.

que la couche collodionnée soit en arrière, et que les rayons réfléchis aient, pour atteindre cette couche sensible, à traverser d'abord l'épaisseur de la glace.

On perd bien ainsi un peu de lumière, mais cela n'est pas un inconvénient très-appréciable, et le cliché obtenu se prête immédiatement à l'impression directe d'images positives au charbon redressées et d'une valeur qui ne le cède en rien à celles que l'on obtient avec les clichés obtenus par l'action absolument directe des rayons réfléchis sur la couche d'iodure d'argent.

D'ailleurs, le report direct sur papier, soit albuminé soit gélatiné, est immédiatement applicable aux agrandissements que l'on peut obtenir du côté voulu, au tirage des clichés sur papier ciré qu'il est possible de renverser dans le châssis-presse, enfin à toutes les images qu'il est indifférent d'avoir d'un côté ou de l'autre.

Déjà nous avons décrit un moyen pour transporter sur une pellicule de collodion-cuir les clichés obtenus à la chambre noire ; depuis, d'autres tentatives ont été faites dans une autre voie, en utilisant, à la formation des clichés pelliculaires, la faculté que l'on a d'enlever facilement, soit du verre, soit d'une plaque de métal, une image qui y a été déposée par le procédé Johnson.

Sans doute, c'est là un moyen pratique et rationnel, car il n'expose pas, en cas d'insuccès, au sacrifice d'un bon cliché, et il permet de multiplier à l'infini les clichés pelliculaires d'un même sujet.

Nous avons nous-même fait des essais dans cette voie, et obtenu des résultats fort encourageants.

Il nous reste à assigner à notre propre méthode des règles précises, et nous espérons y arriver prochainement.

D'ores et déjà nous pouvons affirmer que rien n'est aisé autant que la production d'un cliché pelliculaire sur gélatine. Voici comment nous opérons :

Une image positive est d'abord obtenue sur verre finement dépoli ; elle doit avoir une intensité double environ de celle qui est nécessaire à l'obtention d'une bonne épreuve vue sur papier. — Une mince couche de gélatine à 10 gram. dans 100 gram. d'eau, avec addition de 3 gram. de sucre, est passée tiède à la surface de l'image qu'on laisse sécher à l'abri de toute poussière.

Avec ce positif une fois sec, on tire un négatif sur papier mixtionné très-coloré (dans le cas qui précède, il faut aussi user d'une mixtion très-colorée) et on laisse poser le même temps photométrique qui a été consacré à la production de l'épreuve positive. — Après le développement, fait comme d'usage, on lave bien, on verse trois ou quatre couches de gélatine sucrée bien fluide, mais pas trop chaude, et on laisse sécher horizontalement et à l'abri encore de toute poussière. On a eu soin, préalablement, d'appliquer une bande de papier gélatiné contre un des bords du cliché ; cette bande permet d'enlever régulièrement la pellicule par une traction qui s'exerce également sur toute la longueur ou la largeur

3

de l'image à enlever. Avec un canif qui coupe bien, on tire deux traits sur les deux bords qui font suite aux extrémités de la bande de papier. L'image pelliculaire s'enlève alors sans difficulté aucune, et on a un véritable cliché.

Notre seule objection à cette méthode, c'est qu'elle amène, pour les petites épreuves surtout, une certaine déperdition de finesse. Cette déperdition est à peine sensible dans les grandes épreuves. Il faudrait pouvoir éviter ce double moulage, pour ainsi dire, et arriver au cliché du premier coup. L'identité serait beaucoup plus grande. (*Voir page* 51.)

III

Agrandissements par report direct sur le papier gélatiné et aluné.

―――――

Ainsi que nous l'avons dit plus haut, le procédé de report sur verre serait difficilement applicable aux agrandissements photographiques ; il serait d'ailleurs complétement inutile de recourir à ce véhicule de transition dont le seul objet est le redressement de l'image, alors que l'on peut, par un rapport direct sur papier, aussi facile que celui qui vient d'être indiqué, obtenir immédiatement l'image agrandie et redressée.

Le redressement s'effectue dans l'appareil à agrandir, suivant que l'on pose le cliché d'un côté ou de l'autre.

La mixtion une fois impressionnée, à l'aide du photomètre (*V.* page 48), on procède au développement, comme il vient d'être indiqué. — En ce cas, plus que jamais, nous conseillons l'usage du papier recouvert de gélatine alunée, de préférence à la couche d'albumine coagulée. Les retouches sont surtout indispensables aux agrandissements; il faut les faire quelquefois avec des teintes plates passées largement, et le papier gélatiné se prête à merveille à ce travail complémentaire.

Les teintes des papiers, nous le répétons, peuvent être variées à l'infini.

Nous ne voyons rien à changer au procédé normal pour son application spéciale aux agrandissements; seulement, il faut, comme dans tous les cas où l'on opère sur des feuilles de grandes dimensions, plus d'habileté opératoire. — L'extraction du liquide en excès contenu, au sortir de l'eau, entre les deux feuilles juxtaposées, exige une plus grande attention parce que, sans un soin particulier apporté à cette partie de la manipulation, on serait exposé à des soulèvements désagréables.

Si les images au charbon sont toujours plus belles, quand elles sont complètes, que celles de valeur analogue au chlorure d'argent, à plus forte raison cela est-il vrai quand il s'agit des agrandissements. Ici la gamme dans les tons élevés est plus étendue, et l'on obtient des noirs franchement noirs, alors que les images au chlorure d'argent ne produisent que des noirs relatifs très-pâles comparés au noir vrai.

L'effet d'un bel agrandissement ainsi obtenu est splendide; toute épreuve devient alors une épreuve véritable. A la stabilité parfaite, s'ajoutent un éclat, une intensité de couleur qu'on chercherait vainement par les méthodes basées sur les décompositions chimiques.

La gamme dans les tons doux est très-étendue sur les

papiers au chlorure d'argent, mais elle s'élève peu ; tandis que les mixtions convenablement colorées, impressionnées et développées, donnent en douceur une identité de tons tout en montant considérablement plus haut dans la série des valeurs accentuées.

Cela est surtout utile aux agrandissements, car une image doit être d'autant plus énergique en couleur que ses dimensions sont plus étendues.

Nous avons lieu, connaissant toute la simplicité d'une opération de ce genre, et surtout l'incomparable valeur des résultats obtenus, de regretter que l'art industriel ne se soit pas déjà emparé de ces procédés pour les substituer aux méthodes de la routine actuelle.

Si cela n'a pas eu lieu encore, un jour n'est pas loin où les agrandissements au charbon entreront dans le domaine de la pratique courante. L'art y gagnera, nous y gagnerons tous, et la photographie pratique y trouvera surtout son compte en profit matériel et en considération morale.

Un obstacle, gardons-nous de l'oublier, s'opposait, il est vrai, à la rapide propagation de tous les tirages, quels qu'ils soient, à l'aide de substances indélébiles; il manquait, dans le commerce, un photomètre susceptible de fournir des indications précises pour la durée d'exposition à la lumière des clichés dont on ne voit pas l'épreuve positive au moment de l'impression. Cet instrument existe maintenant, il va être bientôt à la disposition de tous; il importe que nous revenions sur la description que nous en avons déjà faite.

Photomètre pour le tirage dés épreuves au charbon

————

L'impossibilité où l'on est de suivre directement la venue de l'image, dans les procédés de tirage des épreuves photographiques dites au charbon (quelle que soit la matière colorante mélangée à la gélatine) nécessite l'emploi d'un photomètre spécial.

Si la lumière conservait à toute heure et par tous les temps une intensité égale, on pourrait arriver par tâtonnement à classer les clichés suivant le nombre de secondes ou de minutes exigé par chacun d'eux pour fournir sa contre-image dans les meilleures conditions possibles. Mais cela n'existe pas; l'intensité de la lumière solaire varie à toute heure; elle se modifie si le ciel est nuageux, si l'atmosphère est chargée d'une brume plus ou moins épaisse, suivant l'heure de la journée; on ne peut donc recourir à une observation basée sur telle ou telle durée propre à la meilleure impression, et un instrument de comparaison, destiné à mesurer la lumière, devient absolument nécessaire.

Notre photomètre construit dans ce but se compose :

1° D'un petit châssis-presse, dont le volume est aussi réduit que possible ; sa surface supérieure est pourvue d'un obturateur ;

2° D'une *échelle-translucide* appliquée contre la surface intérieure du verre et formée par dix écrans offrant une opacité graduée ;

3° D'une *échelle fixe* de dix teintes graduées dites teintes de comparaison ;

4°. D'un petit cahier photométrique de bandes de papier sensible, disposées de telle sorte qu'il soit aisé de supprimer successivement toutes les bandes qui ont servi. Ce dernier est superposé à une planchette munie d'un ressort, et s'applique exactement avec pression contre l'échelle translucide une fois le châssis fermé ;

5° D'un moyen d'arrêt qui consiste en une coulisse placée à l'extrémité de l'instrument pour l'accrocher sur un des côtés du châssis au moment de l'exposition à la lumière.

Avant de procéder au tirage normal d'un cliché, il convient de fixer son numéro photométrique.

Pour cela faire, on expose en même temps à la lumière : 1° le cliché contre lequel on a, dans un châssis positif, placé une bande de papier sensible au charbon ;

2° Le photomètre muni d'une bande photométrique non encore impressionnée. On fait plusieurs épreuves de la partie la plus intéressante du cliché à noter photométriquement en variant les durées photométriques des expositions successives, et après développement on note sur un des coins du cliché le numéro photométrique correspondant à la meilleure impression obtenue (1).

Un châssis-presse, spécialement destiné à ces essais, vaut mieux que les châssis ordinaires sur lesquels on se borne à faire promener un morceau de carton. L'observation, en pareil cas, manque de précision et est d'ailleurs peu aisée à diriger.

Ce châssis spécial est en tout conforme aux châssis positifs ordinaires; seulement, il porte une planchette dont la surface recouvre entièrement la partie supérieure de la glace.

Cette planchette est susceptible de se mouvoir à l'aide d'une crémaillère, de manière à découvrir tour à tour toute la surface de la glace. Une graduation par centimètres, gravée sur l'un des côtés de ce châssis, permet de préciser l'ordre et les intervalles des observations.

La lecture du degré photométrique est la question importante; rien de plus aisé cependant.

Le photomètre étant ouvert dans la lumière diffuse (il faut, pendant que l'on fait cette observation, retourner le châssis positif ou le recouvrir d'un écran opaque), on remarque sur la bande sensible diverses teintes imprimées.

(1) Ce numéro fournit une indication qui n'est valable qu'autant qu'il rappelle le titre du bain de bichromate et le numéro de la mixtion employée pour une même durée photométrique; on obtient en effet des résultats différents en variant le titre de bain et de la matière colorante.

A l'aide de l'échelle fixe de comparaison collée dans l'intérieur du photomètre, on voit d'un coup d'œil si le numéro à atteindre est sur le point d'être obtenu ou s'il en est loin encore. Dès qu'il y a doute, on a recours à la réglette portant la même échelle fixe dont chacune des dix teintes porte à son centre un trou circulaire.

Pour une durée d'exposition correspondant à toute la série de 15″ en 15″ qui s'étend jusqu'à 2′ 30″ pour le plein soleil direct, il suffit de comparer le numéro 9 de l'échelle fixe à celle des teintes impressionnées qui en approche le plus. Cette lecture est facile : en posant le numéro 9 de l'échelle fixe sur chacune des teintes imprimées sur la bande sensible, on voit vite si le trou rond apparaît en clair, en foncé, ou se confond avec la teinte ambiante. Le numéro photométrique est celui que porte la teinte imprimée qui se rapproche le plus de la teinte 9 de l'échelle fixe. — Il arrive un moment où le numéro 10 de la bande sensible est plus intense que le numéro 9 de l'échelle fixe; alors on applique sur ce numéro 10, qui sert désormais de base unique à la comparaison, les numéros 8, 7 et ainsi de suite de l'échelle fixe jusqu'à ce que l'on arrive à un numéro qui se confonde avec cette teinte 10, ou en approche le plus : c'est le numéro photométrique cherché.

Dans le premier cas, on cote le cliché 1/0, 2/9, 3/0, jusqu'à 10/0, et, dans le deuxième, on se contente de mettre un seul numéro, celui de la teinte normale la plus égale à 10 de la bande sensible, soit 8, 7, 6, 5, 4, 3, 2, 1.

Les données photométriques correspondant à des durées d'exposition en plein soleil direct, à l'heure de la journée où l'intensité lumineuse est plus grande, ont été vérifiées; elles servent de point de départ à l'observation.

Ainsi tel cliché paraît devoir exiger une certaine durée d'exposition en plein soleil, tel autre semble en demander une double de la première. C'est là une donnée à l'aide de laquelle on arrive plus aisément à faire les choix préliminaires destinés à la notation du cliché.

Voici un tableau des degrés photométriques correspondant à des durées diverses en plein soleil direct depuis 15″ jusqu'à 30′.

15″	1/9	3′ 30″	8 1/2
30″	2/9	4′ 30″	7
45″	3/9	5′ 30″	6
1′	4/9	6′ 30″	5
1′ 15″	5/9	7′ 30″	4
1′ 30″	6/9	9′ 30″	4 1/2
1′ 45″	7/9	12′	3
2′	8/9	15′	3 1/2
2′ 15″	9/9	25′	2
2′ 30″	10/9	30′	1
3′	8		

Pour une durée d'impression qui exigerait en plein soleil un temps plus long que 30′, nous ajoutons à l'échelle translucide un seul écran d'une opacité calculée pour que le numéro 10 impressionné n'arrive au nu-

méro 1 de l'échelle fixe qu'en deux heures de plein soleil. On évalue alors toutes les durées photométriques
successives comprises entre 15' et deux heures de plein
soleil.

Dans la pratique usuelle, les cas de poses aussi lon-
gues sont fort rares ; on a d'ailleurs le moyen de les
mesurer.

Ainsi, pour résumer le mode de lecture, nous dirons
en deux mots que :

Les degrés photométriques, tant que la teinte 9 de l'é-
chelle fixe n'est pas inférieure en intensité à toutes celles
marquées sur la bande sensible, se lisent en choisissant
le numéro de la teinte qui paraît se confondre avec le
numéro 9 de l'échelle fixe ou en approcher le plus, et
que, quand toutes les teintes de la bande sensible sont
plus intenses que 9 de l'échelle fixe, on cherche le
numéro photométrique en comparant, à la plus faible
des dix teintes résultant de l'impression solaire, au numéro 10, celui des numéros de l'échelle fixe qui se confond avec lui ou en approche le plus.

Nous mettons des 1/2 dans les cas où une teinte
impressionnée, sans se confondre avec celle qui en approche le plus, paraît avoir à doubler en intensité pour
atteindre la teinte immédiatement supérieure de l'échelle
fixe.

La lecture, à l'aide des trous percés au centre de chacune des teintes normales de comparaison, s'effectue
avec une très-grande facilité. Nous avons emprunté à

notre intelligent ami, M. Arthur Taylor, cette idée ingé-
nieuse, et dont l'application à notre photomètre était un
complément indispensable. Sans cela, une grande marge
eût été laissée à l'erreur.

La moindre pratique de ce petit instrument permet-
tra d'en user sans aucune difficulté et un seul coup d'œil
suffira pour la perception du degré approximatif.

L'examen des photomètres exposés pourra mieux se
faire sans déplacement, pourvu que l'on ait soin de ne
pas les ouvrir en pleine lumière directe.

L'interposition d'un chapeau, d'un morceau de carton
replié par-dessus, est un obstacle suffisant à l'action de
la lumière, à condition, toutefois, que l'observation soit
faite promptement.

Il va sans dire qu'un même photomètre peut servir au
tirage de plusieurs clichés, soit quand ces clichés ont
le même numéro photométrique; soit quand ils sont
échelonnés du moins au plus, de manière que les plus
faibles numéros puissent être enlevés, tandis que les
numéros plus élevés maintenus à la lumière continuent
simultanément avec le photomètre à atteindre leur degré
d'impression.

Il est important de faire remarquer ici que la sensibilité des papiers au bichromate de potasse ou d'ammoniaque est tellement grande que l'on a fort peu de
marge, en opérant en plein soleil, pour observer le photomètre, tout en laissant les châssis exposés.

Il convient de supprimer sur eux l'action de la lumière à mesure qu'on retire le photomètre, et de la rétablir quand on le réexpose.

En effet, la moyenne des bons clichés à portraits n'exige pas une pose en plein soleil de plus de 2 à 3'; dans bien des cas 1' environ suffit. Un excès de pose de 1/2 à 1' se manifesterait d'une manière très-notable au détriment de l'image. Il faut donc observer rigoureusement la durée nécessaire à une bonne impression et ne pas la dépasser.

Encore moins vaudrait-il se trouver en dessous. Car si le développement permet de réduire un peu l'intensité d'une épreuve venue, il ne peut jamais intensifier une épreuve trop faible. Le mieux est de tirer les épreuves dans la lumière diffuse quand on n'est pas pressé. Il faut alors une exposition d'environ huit fois celle du plein soleil; mais on risque moins d'être surpris, tout en obtenant des résultats plus doux.

La sensibilité des papiers recouverts d'une mixtion déterminée varie surtout en raison :

1º Du titre du bain de bichromate alcalin ;
2º De la durée de l'impression dans ce bain ;
3º De la température au moment de l'opération;
4º Du temps qui s'est écoulé depuis le moment de la sensibilisation.

Il y a bien d'autres motifs de variation basés sur la température, sur l'état hygrométrique du milieu où sont conservés les papiers sensibles, sur la composition de la mixtion, etc. ; mais il n'est pas opportun de s'en occuper ici.

Pour opérer d'une manière normale, il faut :

1° Choisir de préférence du papier mixtionné contenant environ 300 gr. de mixtion à la feuille ;

2° Le sensibiliser en l'immergeant complétement dans un bain abondant de bichromate et l'y laisser exactement pendant 3 à 4' en évitant autant que possible les bulles d'air ;

3° Ne l'employer en suivant les indications photométriques portées sur les clichés, que durant les trois ou quatre jours qui suivent l'instant de sa sensibilisation.

Ce qui revient à ne pas sensibiliser du papier pour une époque ultérieure.

La loi de la décroissance de sensibilité jusqu'à perte totale est établie ; mais il ne convient pas, pour obtenir de bons résultats, de sortir des conditions normales les plus favorables.

Le développement doit suivre de près l'impression, à un ou deux jours près environ.

Quand on doit imprimer des images dont les bords extérieurs sont très-transparents, il est bon de recouvrir de papier d'étain ou de peindre ces parties transparentes de manière à arrêter les rayons lumineux. On évite ainsi toute difficulté lors de la séparation du véhicule mixtionné d'avec le papier de report contre lequel, dans le cas contraire, il adhérerait inégalement et d'où il ne serait isolé qu'en arrachant des lambeaux de mixtion insolubilisée dans toute son épaisseur, partout où se trouvent ces parties du négatif très-transparentes.

D'une manière générale, il faut opérer avec des clichés doux, sans duretés trop marquées, sans contrastes trop saillants. Tout opérateur quelque peu exercé saura bientôt exécuter les clichés tels qu'ils doivent être pour fournir de bons positifs au charbon. C'est là une simple question de pratique opératoire et des moins difficiles à résoudre.

Il est des modes de report qui peuvent nécessiter des durées d'impression plus ou moins grandes pour un même cliché.

A chacun le soin de se rendre compte de ces rapports divers.

Les essais préalables étant faits d'après le procédé même à appliquer, les indications qu'ils fourniront conviendront à ce procédé.

Tout revient à ne pas varier les procédés sans, au préalable, soumettre chacun d'eux à l'essai et à la notation photométrique.

Faisons remarquer en passant que, lorsqu'un cahier de bandes sensibles est épuisé, il est facile de le remplacer en collant légèrement un nouveau cahier au lieu et place du premier.

Durant l'usage, il arrive que les trois bandes qui retiennent le papier sensible sur leurs bords demeurent rigides après l'enlèvement de plusieurs bandes successives, et constituent un vide entre le papier sensible et la surface inférieure de l'échelle translucide.

L'impression des teintes se fait alors moins franchement. Il faut donc au fur et à mesure abaisser ces rebords en papier jusqu'à la surface même de la bande à impressionner (1).

L'application du photomètre aux agrandissements se fait en exposant directement cet instrument sur un des rebords de l'image projetée sur la feuille sensible, et en le plaçant de manière que la surface de la bande sensible coïncide avec le plan de la feuille à impressionner. — Un essai préalable, comme il est dit plus haut, est nécessaire pour mesurer le degré photométrique propre à telle distance focale déterminée. Cet essai doit être fait en variant les temps d'exposition afférents à trois ou quatre portions différentes de l'image.

Une fois le degré photométrique connu pour la distance à laquelle on doit opérer, on procède comme d'habitude et on vérifie de temps à autre le photomètre pour arrêter l'action de la lumière au moment où est atteint le degré préalablement noté.

(1) Il ne faut jamais procéder par continuation, c'est-à-dire se servir pour l'expérience photométrique d'une bande de papier déjà impressionnée ; car il est démontré que, par suite de la rupture d'inertie ainsi opérée, le papier sensible déjà impressionné, si peu qu'il le soit, noircit après cette impression dans une proportion qui n'est plus la même que dans le cas d'un papier non encore impressionné. L'action est plus intense sur le papier impressionné déjà et les indications seraient erronées.

Dans les appareils d'agrandissement du genre de celui de M. Liébert, il y a lieu de pratiquer, sur la planchette où est appliquée la feuille sensible, une ouverture destinée au passage du photomètre et à sa mise en place au point voulu.

Quand on se sert d'appareils comme ceux de M. Monckoven, l'opérateur se trouvant dans la chambre noire, il lui est aisé de disposer directement le photomètre à son gré, sur un point convenable, et de suivre sans déplacement du photomètre la venue de l'image.

On ne doit pas oublier que le numéro photométrique d'un cliché d'agrandissement n'a de valeur que pour une distance focale déterminée et qu'il y a lieu, si l'on désire tirer du même cliché des images de dimensions différentes, de faire autant d'essais qu'il doit y avoir de grandeurs diverses.

L'indication sur le cliché doit s'écrire ainsi qu'il a été dit plus haut, mais en ajoutant l'indice de la distance focale mesurée, soit d'après le tirage de la chambre à agrandir, si elle est tout d'une pièce, soit d'après la distance qui sépare l'objectif du plan de formation de l'image, si on opère dans un appartement obscur.

Ainsi $\frac{5/9}{2^m,23}$ sera l'indication à écrire sur un cliché d'agrandissement exigeant au photomètre une teinte impressionnée n° 5, égale en valeur au n° 9 de l'*échelle fixe*, pour donner une image convenable à la distance de l'objectif de 2ᵐ,23.

Les papiers au bichromate de potasse étant bien plus sensibles que ceux au chlorure d'argent, offrent une grande facilité à la pratique des agrandissements, sans parler de l'avantage immense, hors de comparaison, qui résulte de l'obtention d'une image indéfiniment stable et d'une valeur, comme ton, que ne peuvent jamais avoir les épreuves obtenues par les anciens procédés.

V

Production de clichés négatifs ou positifs au charbon

Quand, pour obtenir une image positive au charbon. on emploie le système du double report sur verre dépoli d'abord et sur papier gélatiné ensuite, on a une image redressée, c'est-à-dire se présentant du même côté que l'original; mais quand on emploie le même procédé de transport, en appliquant immédiatement au papier, l'épreuve obtenue est renversée, et il y a lieu de trouver un moyen d'utiliser la simplicité du procédé Johnson. report direct sur papier, c'est-à-dire supprimant l'intermédiaire d'un véhicule transitoire, tout en obtenant des images dans leur sens véritable.

Plusieurs moyens ont été proposés pour cela. M. Marion a publié une note relative à des clichés pelliculaires et dont le but est d'indiquer un moyen de former par le procédé au charbon des clichés que l'on pourrait, vu leur état pelliculaire, tirer en positif, soit d'un côté, soit de l'autre.

M. Tesseire et nous-même, à la Société photographique de Marseille, avons indiqué comme moyen le plus simple le renversement du cliché par l'exposition à la chambre noire de la couche de collodion sensible placée en arrière au lieu de l'exposer, comme on le fait d'ordinaire, directement aux rayons réfléchis.

Mais ce moyen si simple et dont l'expérience nous a depuis démontré toute la valeur, ne peut s'appliquer qu'aux clichés à créer; quant à ceux qui existent, il serait bon de pouvoir soit les renverser, soit les multiplier pour les rendre propres à l'emploi des nouveaux procédés du tirage au charbon.

Nous avons essayé d'obtenir des clichés au charbon, et voici quelles sont les données que nous a fournies l'expérience ; nous les résumons rapidement.

Le cliché à reproduire est exposé à l'impression lumineuse pendant un temps d'une durée photométrique triple de celle qu'il aurait exigée pour former une bonne image destinée à être vue par réflexion. Il est exposé en contact avec un papier mixtionné préparé comme suit :

Eau. . . . . 100 grammes
Gélatine . . . . 10 —
Noir de bougie. . . .   2 —

Cette mixtion, *très-chargée en noir*, est mise sur le papier, et la couche qui le recouvre doit avoir l'épaisseur d'un demi-millimètre environ (1).

(1) Du papier couvert d'une mixtion très-chargée en rouge (vermillon) conviendrait mieux encore ; le rouge, fournissant les épreuves moins transparentes, et, par ce fait, susceptibles d'acquérir une plus grande intensité.

On sensibilise à 1 1/2 0/0 de bichromate de potasse, et quand la feuille sensibilisée a acquis, dans le bain sensibilisateur, toute planimétrie, on introduit sous elle une glace en verre dépoli et stéarinée, on retire la mixtion et le verre appliqués l'une sur l'autre. On presse entre du buvard, puis on laisse sécher. Après quoi l'on sépare la mixtion du verre dépoli. — On a ainsi une mixtion dont la surface est *parfaitement plane*, exempte de toutes les rugosités qui, dans les papiers mixtionnés ordinaires, affectent la forme des grains du papier et sont un obstacle à la finesse absolue de l'épreuve.

Avant d'employer la mixtion *ainsi glacée*, il faut en nettoyer la surface avec un tampon de coton imbibé d'alcool pour supprimer la stéarine qui empêcherait l'eau de mouiller la mixtion.

Cela étant fait, avant ou après l'impression, on met la mixtion impressionnée dans de l'eau ordinaire, et on la retire dès qu'elle s'est distendue, contre un verre dépoli stéariné. Le développement a lieu comme d'habitude, et une fois l'image bien développée, quand tout le noir en excès a disparu, on verse à la surface plusieurs couches de gélatine,

Eau. . . . . 100 grammes.
Gélatine. 10   —

de manière à obtenir une couche définitive, qui, une fois sèche, ait une épaisseur de 1/2 à 3/4 de millimètre. Il faut laisser sécher en posant la glace horizontalement et bien à l'abri de toute poussière.

Nous alunons dès que la couche a fait prise, pour rendre le cliché pelliculaire ultérieur moins impressionnable par l'humidité.

Il va sans dire que le cadre opaque destiné à entourer le négatif original doit être posé à l'extérieur du cliché, c'est-à-dire contre sa surface postérieure.

Quand la gélatine est parfaitement sèche, on enlève facilement la positive pelliculaire après avoir eu soin de tracer tout autour au canif le trait dont la profondeur a atteint le verre dépoli.

Nous ne comprenons pas quelle est la pensée de M. Marion, quand il conseille des plaques de cuivre au lieu de verre dépoli. Le verre, à cause de sa transparence d'une part, laquelle permet de suivre la tenue de l'image, et de la facilité qu'il offre au nettoyage d'autre part, vaut infiniment mieux.

La pellicule positive une fois obtenue, on la conserve dans un portefeuille comme épreuve-étalon pour la transformer en un ou plusieurs clichés négatifs. On opère ainsi qu'il suit :

On applique contre le côté de cette pellicule qui adhérait contre la glace dépolie un papier mixtionné suivant les proportions et le mode ci-dessus indiqués. Le positif servant de cliché doit être entouré d'un mince encadrement opaque placé en dessous.

La pose à la lumière doit être triple en durée photométrique de celle que nécessiterait une impression normale.

Après impression de une ou de plusieurs épreuves négatives, on les applique, dans l'eau, sur plusieurs ou sur une même glace polie, préalablement bien nettoyée. Quand l'adhérence est parfaite, après un séjour dans l'eau, d'un quart d'heure environ, on procède au développement habituel dans l'eau chaude et, quand il est terminé, on n'a plus qu'à aluner et à laisser sécher sans couche de gélatine ultérieure.

On peut vernir si l'on veut, mais c'est inutile.

L'adhérence de l'épreuve contre le verre résiste à un frottement même intense.

Par ce moyen, on a l'image négative *renversée* et susceptible de fournir directement des images au charbon *redressées*. Les négatifs, étant appliqués sur glace, sont maintenus ainsi d'une manière plus rapide que s'ils étaient pelliculaires. Ils sont plus aptes à résister à un usage multiplié, et, en cas d'accident, la positive pelliculaire permet d'obtenir un ou plusieurs nouveaux négatifs.

La notice de M. Marion, sur ce sujet, nous a paru contenir des indications trop vagues pour qu'elle rendit quelques services à des débutants; nous croyons avoir mieux précisé tous les points de ce procédé et, surtout, l'avoir présenté d'une manière plus pratique, en insistant sur l'absolue nécessité d'une planimétrie complète dans la mixtion, en donnant tous les dosages de produit et de lumière, en substituant le verre dépoli transparent au cuivre opaque, enfin en ne laissant subsister que le positif à l'état pelliculaire et en formant le cliché négatif sur une surface rigide.

VI

Considérations générales.

————

L'ensemble des indications que nous venons de donner, sans économiser le moindre détail peut, au premier abord, paraître compliqué et long; mais, on le sait, il est bien des procédés industriels qui, tout en étant aussi pratiques et aussi simples que possible, ne laissent pas que d'exiger bien des mots pour être décrits en entier. Nous n'avons pas redouté d'être long parce que nous voulions être clair, parce que notre but est de prévoir les difficultés d'essais de ce genre et de donner aux débutants des indications tellement précises qu'ils n'aient pour réussir qu'à les suivre pas à pas.

Nul assurément, en se conformant à ce manuel opératoire, ne pourra passer à côté du succès sans le retenir. Ici point de théorie; des faits seulement, et des faits maintes fois reconnus vrais, minutieusement expérimentés.

Toutes ces opérations constituent une marche que l'on peut régler industriellement en plusieurs temps. Des opérateurs divers peuvent être affectés chacun à une spécialité du procédé. Ainsi, pendant que l'impression s'effectue, on peut à part s'occuper, d'une manière méthodique et continue, du transport sur glace, du développement, du report sur papier, du fixage définitif, et le travail bien réparti doit conduire à une production industrielle importante.

Ici plus n'est besoin de ces virages au ton douteux ; autant d'épreuves, autant d'images d'un égal ton, d'une valeur égale, si elles ont atteint à la lumière un égal degré photométrique.

Entre les mains de n'importe quel photographe intelligent, ce mode de tirage doit réussir, et certainement dès qu'un seul praticien se sera engagé dans cette voie des images stables, il sera bientôt suivi par tous ses confrères. — La pratique amènera bientôt de nouveaux perfectionnements, des simplifications susceptibles de rendre plus industrielles et plus sûres ces diverses opérations; mais nous tenons, et c'est quelque chose, le moyen du départ. — On peut aujourd'hui commencer, tandis que nous eussions pu, il y a quelques jours encore, taxer de témérité l'annonce industrielle d'un tirage de portraits au charbon.

C'est que, depuis, de grands pas ont été faits; la fabrication du papier mixtionné s'est assise sur des bases qui lui manquaient; tous les points principaux du procédé ont été patiemment étudiés; des photomètres ont été construits; des observateurs sérieux, en tête des-

quels nous citerons MM. Jeanrenaud, Teisseire, A. Taylor, n'ont cessé d'étudier les meilleurs moyens de par-
venir au but cherché.

La période d'incubation des procédés au charbon a
assez duré d'ailleurs : depuis 1855, époque où furent
publiées les belles découvertes à ce sujet de M. A. Poi-
tevin, à qui nous ne saurions adresser trop souvent
l'expression de notre admiration pour ses remarquables
travaux. Il est temps de marcher, et, nous sommes heu-
reux de le dire avec conviction, l'on est prêt à marcher
rapidement, à sortir des routines de l'instabilité pour
progresser dans la voie sérieuse, la seule vraie, la seule
digne d'une belle et utile science, dans la voie des productions photographiques stables. Un avenir prochain
appartient à l'héliogravure, à la reproduction au charbon, par l'action directe de la lumière, des beaux clichés que ne cessent d'exécuter une foule d'opérateurs
infiniment habiles.

Nous n'hésitons plus à dire à ce passé, à cet état
actuel, un premier adieu, avant qu'ils aient disparu
complétement, repoussés à jamais par l'avenir, et c'est
avec une vraie joie que nous saluons l'aurore d'un art
nouveau dans cette régénération de la photographie qui,
à des productions essentiellement instables, fera succé-
der des œuvres d'une stabilité parfaite.

TABLE DES MATIÈRES

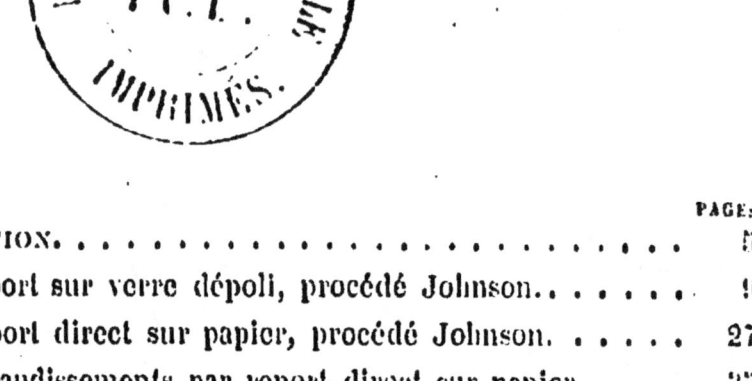

	PAGES
INTRODUCTION.	5
I. — Report sur verre dépoli, procédé Johnson.	9
II. — Report direct sur papier, procédé Johnson.	27
III. — Agrandissements par report direct sur papier.	35
IV. — Photomètre pour le tirage des épreuves au charbon.	39
V. — Production de clichés au charbon.	53
VI. — Considérations générales.	59

PARIS. — IMPRIMERIE A. POUGIN, 13, QUA VOLTAIRE. — 3263.

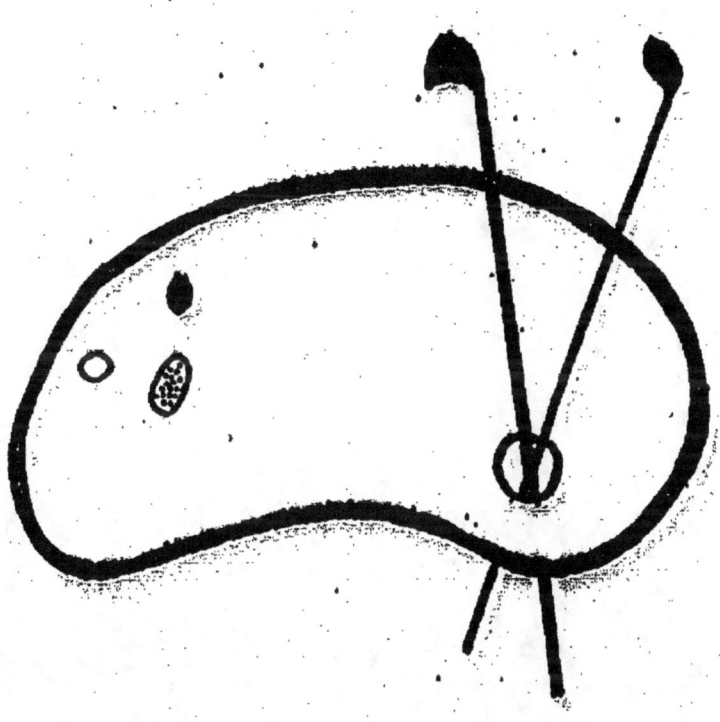